Lena-Caterina Hensen

AF198644

GESAMMELTE
WORTE

Verdichtete Texte

© 2023 Lena-Caterina Hensen

Herstellung und Verlag: BoD – Books on Demand,
Norderstedt

ISBN: 978-3-7494-0694-4

Für Belma, die gesagt hat, ich soll
ein Buch schreiben.
Für Maria, die gedacht hat, ich
hätte es schon fertiggeschrieben.

Lie
be &
so

Für Dich
Ich mag Dich
Vor allem schätze ich Dich
Darum
Kann ich mit Dir streiten
Und weinen
Und ich kann aushalten,
Dass Du mich in den Arm nimmst

Augen aus Titan

Rauch
Dämmerlicht
Blicke ich hindurch
Zwischen Bein und Prothese
Titan
Gute Prothese
So also blicke ich
Und sehe zwei Augen
Die gucken zurück
Und erschrocken
Wende ich meinen Blick ab
Und betrachte die Prothese
Titan
Gute Prothese
Versteckt unter einem Hut
Die Augen
Schöne Augen
Weich
Sie gucken schon wieder
Was
Ich kenn die Prothesen
An dem Titanschaft Silikon
Das ist bequem
Und die Augen
Gucken
Sucht mein Blick
Den anderen
Verstecke meinen Blick
Um dann
Abermals zu schauen
Dann aufstehen
Um die Prothese herum gehen
Titan
Da sitzen die Augen

Auf dem Fußboden
Unter dem Hut
Oh

Liebe und Sex und Beziehung auf hetero
Ich kann
Dich schon lieben
 -Emotional und mit unseren Körpern-
Aber eine gleichberechtigte Beziehung
Mit Dir führen
Das kann ich nicht

Gesammelte Wörter

Gesammelte Wörter
Dosen voll davon und Gläser.
Ich stelle sie vor Dich
Und denke, ich hätte doch alles gesagt
Ich habe vergessen, dass Du sie ganz
anders ordnest als ich
Und mich damit völlig neu beschreibst

Beziehungsweise
Manchmal bin ich gemein
zu Dir
Ungehalten
Und genervt
Beziehungsweise voller
Wut.
Manchmal ist das die
Reaktion auf
Die Art und Weise, wie Du
mir
Entgegen trittst
Was Du sagst
Oder tust.

Manchmal hat es gar nichts mit Dir zu tun.
Beziehungsweise nichts mit dir als
Individuum.
Dann repräsentierst Du ein System.
Eines in dem ich ständig kotzen will und
schreien
Eines in dem ich mich verstecken will
Beziehungsweise es in die Luft sprengen.
Dann seh ich nicht Dich
Beziehungsweise nicht Dich als Individuum.

Ich glaube,
Manchmal macht uns das ganz schön zu
schaffen.

Vom Sammeln und Werfen

                    Du sammelst Steine

Ich sammele Wörter
Manchmal werfen wir beide
Mit beiden umher
Wenn wir uns treffen
Weinen wir

Nähe und Gefühle
Ich fände es toll,
wenn Du mich in den Arm nimmst
und mich tröstest.
Ich fände es toll,
aber immer wenn das passiert,
dann werde ich Eis
und alles wird tot
und ich habe Angst.
Du willst so viel von mir und ich vertraue
Dir
so doll,
dass ich nicht auch noch will,
dass Du weißt,
wie ich rieche,
wenn ich weine.

Nähe kann ich besser, wenn ich mein
Gegenüber nicht so mag.
Schade eigentlich.

Loyalität
Ich werde meine Haltung nicht ändern für
Dich
Und mich Dir nicht anbiedern, mich
verbiegen oder verleugnen,
Nur, damit es harmonisch ist mit uns.

Ich stehe zu Dir, wenn Du Beistand
brauchst
Wenn Du magst,
werde ich Dich umarmen und trösten
Und Dir schützende
                  stärkende
                           aufmunternde
Wörter schenken

Wenn jemand gemein ist zu Dir
Dann bin ich voller Wut auf die Person
Und freue mich mit allen
Die Dich zum Lachen bringen

About loving you
Once you told me
I could not love you because
I would not love myself.
Well, I guess you are right

Wenn Du da bist
Ein Feuer in mir,
Ein Vulkan,
ein Jubelschrei
Ich stehe
Mit beiden Füßen
Auf der Erde
Tanze auf den Wattewolken
Meiner Wirklichkeit
Ich rede
Singe
Tanze
Umarme die Welt
Mein Herz ist weit

Ein Anfang von Etwas
Ein leises
Ein weiches Gefühl
Deine Stimme
Die mich liebkost und mir
Deine Wahrheit und
Deine Sicht der Dinge offenbart
Poesie
Deine Hände,
Die ich halten will
Die ich nicht loslassen möchte
Die über meinen
Körper fliegen
Deine Augen
Die mich anschauen
So warm
Und
Keine Angst in mir auslösen
Ein leises
Ein weiches Gefühl
Das Du in mir weckst
Gehalten werden und Dich halten
Hingabe
Sanftes Verlangen
Dich tiefer und tiefer zu erkunden

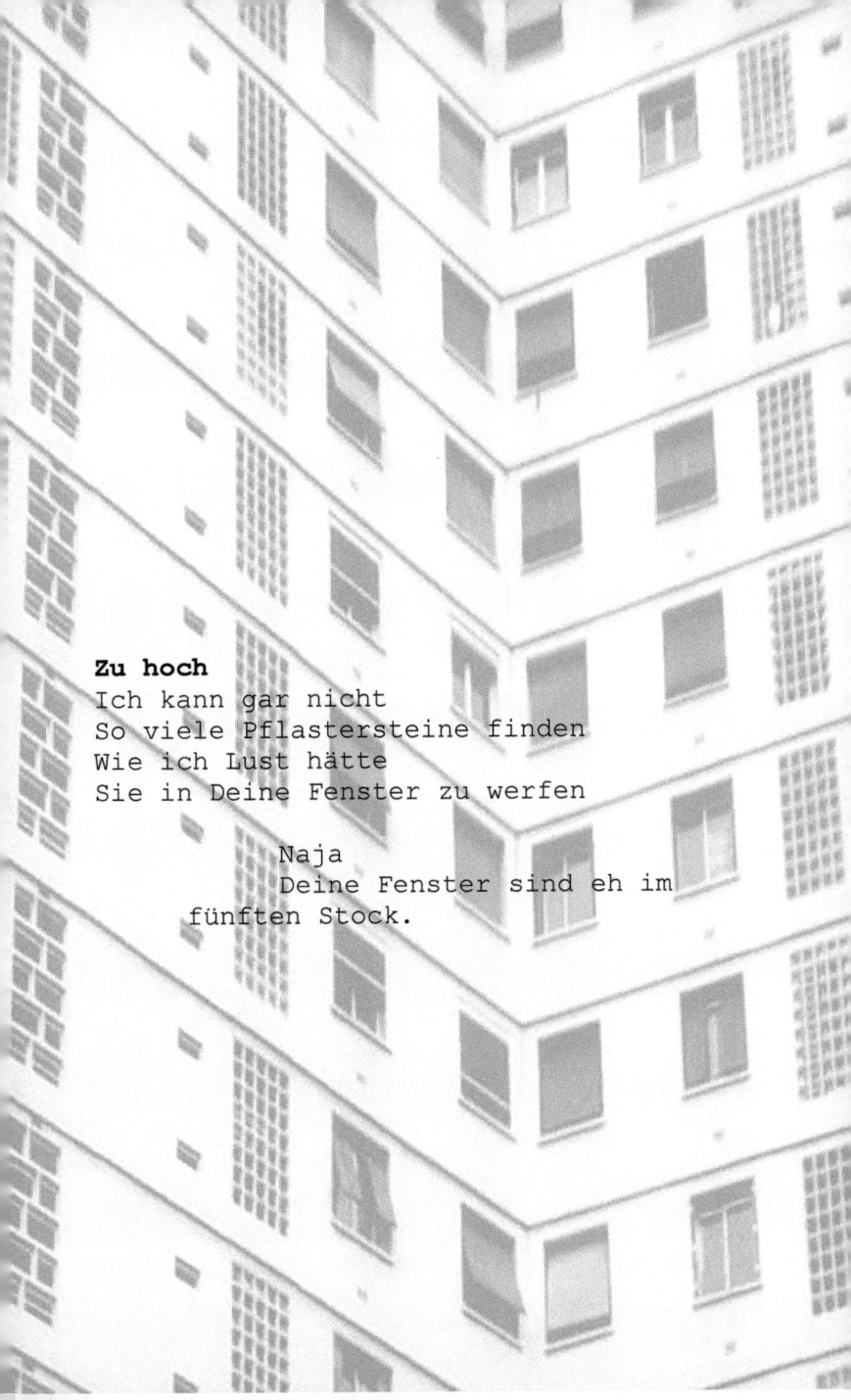

Zu hoch

Ich kann gar nicht
So viele Pflastersteine finden
Wie ich Lust hätte
Sie in Deine Fenster zu werfen

       Naja
        Deine Fenster sind eh im
   fünften Stock.

Trauma

Relationen (keine Poesie)
Krass/ da robbt einer/ Vielleicht 15 min/
(kürzer oder länger)/ über Dich rüber/ und
zieht/ -Wort wörtlich-/ sein Ding durch/
und elf, zwölf Jahre später/ Da liegst Du
da/ und hasst Dich selbst/ immer noch/ Für
diesen Augengenblick/ Von/ Vielleicht 15
min/ (kürzer oder länger)/ Spaß,/ der für
Dich/ bitterer Ernst war / Und elf, zwölf
Jahre später/ liegst Du da/ Und versuchst/
Mit aller Kraft/ Den Nebel / Aus Deinem
Kopf zu verbannen/ Und mühst Dich/ -
Täglich auf neu-/ diese/ Vielleicht 15
min/ (kürzer oder länger)/ Zu überleben/
.../
Ich habe Schwierigkeiten/ Diese Relationen
zu/ Begreifen

Über Schuld und Gefühle und Schuldgefühle
Meine Bedürfnisse als höher oder wichtiger
zu bewerten oder zumindest als den Deinen
gleichrangig, verursacht mir
Schuldgefühle.
Schuld und Gefühle und Schuldgefühle haben
bei mir eine lange Tradition.
Und nicht nur bei mir in meiner ganz
eigenen Geschichte. In meinem sozialen und
beruflichen Umfeld sind Schuld und Gefühle
ebenfalls überwiegend ungünstig
miteinander verknüpft. Und auch in meinem
familiären Umfeld, bei meinen mal näher,
mal weiter entfernten Verwandt*innen.

Und ja, ich weiß, viele finden, dass die
Verwandten nicht mehr gendergesternt
werden müssten. Und nach Ansicht einiger
wohl auch gar nicht dürften. Aber ich mag
das. Irgendwie. Obwohl es irgendwie auch
cool wäre, wenn wir uns die Sache mit dem
Gendern sparen könnten, weil eh alle
mitgemeint wären. Aber erstens ist
mitgemeint nicht das gleiche, wie direkt
angesprochen und zweitens sind auch nie
alle mitgemeint. Das zeigt sich nämlich
dann daran, wer am Ende tatsächlich zur
Party kommt oder kommen darf oder das Geld
für ein Geschenk und den Eintritt hat und
wer denn auch tatsächlich in irgendwelchen
Statistiken persönlich mal aufkreuzt. Und
das sind dann eben selten die

Mitgemeinten, dafür aber immer wieder die explizit Benannten.

Außerdem sind so viele Leute geradezu gendersprachfeindlich eingestellt und versuchen alles gegenderte, allem voran das so genannte Gendersternchen, aus unserem Sprachgebrauch zu verbieten und eliminieren, dass ich denke, dass ich wenigstens meinen persönlichen Beitrag zur Sichtbarmachung einer gendersensibilisierten Sprache sehr konsequent verfolgen möchte. Und darum gendersterne ich einfach alle Wörter so, wie sie mir passen. Weil die Leute, die sich aufregen möchten oder werden über den Verfall der Sprache oder irgendwelche Sprach- und Grammatiknormen, die sie dann 5 Wörter weiter, *wegen dem inkorrekten Gebrauchs* ihres Genitivs eh selbst verkacken, sich auch aufregten, verwendete ich das Gendersternchen ausschließlich für Begriffe, die mittlerweile als halbwegs genderrierbar gelten. Und darum eben verwende ich wahnsinnig gerne Begriffe wie Zebra*innenstreifen, Mitglieder*innen und Verwandt*innen.

Und so komme ich zurück zu einer meiner eher weiter entfernten Verwandt*innen, Eva. Also, ich kenne Eva jetzt auch nicht direkt persönlich. Eher so vom Hörensagen.

Das liegt ein bisschen daran, dass sich unsere Generationen nicht komplett überschnitten haben. Zum anderen gingen wir auch sozial und räumlich eher getrennte Wege. Nicht aus böser Absicht oder so. Eigentlich aus gar keiner Absicht. Hat sich halt einfach nicht ergeben. Und trotzdem hatte Evas Biographie auf ihre Art und Weise krasse Auswirkungen auf meine ganz eigene Lebensgeschichte und hat diese nachhaltig geprägt.

Denn es war Eva, die es wagte blinden Gehorsam als weniger sinnvoll zu bewerten als ihre Bedürfnisse nach Erlangen von Wissen und Erkenntnis. Und nachdem Eva in einem Akt von bewundernswerter Selbstfürsorge ihre eigenen Bedürfnisse ernstnahm und sich weiterbildete, folgte die Strafe umgehend und absolut: Verbannung und Erbschuld. Für Eva, für Evas Freund*innen, für alle kommenden Generationen und natürlich sehr kollektiv. Das schindete mächtig Eindruck und setzte die Messlatte von Schuld, Schuldzuweisung und der sich daraus ergebenden Frustration und Ablehnung der vermeintlichen Verursacher*in gegenüber echt hoch. Interessanter Weise wurde und wird hierbei vollkommen ignoriert, dass es sich bei Kollektivvertreibung und Strafe eben nicht

um unumstößliche Naturgesetze handelt,
sondern um eine ziemlich abgefuckte und
völlig überzogene Reaktion einer einzelnen
Person, die offenbar alle Machtmonopole
Eva und Ihrer Gang gegenüber besitzt.
Einer einzelnen Person, die sich über ihre
eigenen Erkenntnis- und Wissensbefähigung
anscheinend so unsicher ist, dass sie es
nicht ertragen kann, dass auch andere
Leute nach Wissen und Erkenntnis streben
und damit das bestehende Bildungsmonopol
infrage stellen könnten. Oder einer
Person, die aus vollkommen überhöhtem Ego
und einer guten Portion Narzissmus heraus
einfach alles für sich allein beanspruchen
will. Weil aber genau diese Person auch
zufällig oder eben aufgrund ihrer
strukturellen Privilegierung über
sämtliche Medienkanäle alleinherrschend
ist und somit alleinige Diskurs- ,
Deutungs- und Definitionshoheit besitzt,
lenkt diese Person, nennen wir einfach mal
G. Ott, den medialen und argumentativen
Fokus auf das vermeintliche Fehlverhalten
Evas, welches dieses rigide Eingreifens G.
Otts unumgänglich mache. Damit können wir
G. Ott wohl als Vorreiter*in der bis heute
weltweit verbreiteten Opfer-
Täter*innenumkehr definieren.

Weil, vor G. Ott und den ganzen
Gewaltmonopolen, da hatten ja alle Angst.

Wir müssen uns ja nur mal vorstellen, was passierte, wenn wir nochmal erbschuldig gesprochen und nochmal aus Eden vertrieben werden würden?! Mit Asylsuche ist es ja nicht so geil grade. Und die Aussicht jahrelang in Moria unter menschenunwürdigen Bedingungen dahin zu vegetieren ist wirklich keine sonnige.

That's why: Blame Eva! Weil die, mit ihren bescheuerten Bedürfnissen und Wünschen und ihrer absoluten Machtlosigkeit, die können wir doch ganz einfach konsequent- und angstfrei und vor allem frei von Konsequenzen hassen und ihr die Schuld an unserer Dummheit geben.

Und so wundert es dann wohl auch nicht, dass, als ich ein paar tausend Jahre später, neunjährig, mitverfolgte wie mein Opa starb, mir dessen Frau, meine Oma, sehr laut und anklagend die Schuld an seinem Ableben gab. Genaugenommen tat sie das schreiend und auf ihrem Küchenfußboden liegend. Denn immerhin hatte ich ja die Anmaßung besessen, wenn auch unfreiwillig, so doch nicht weniger physisch, dem Akt des Sterbens beizuwohnen. Auf dem Segelboot, dass mein Opa Jahre zuvor und wohl in prophetischer Voraussicht auf den Namen „Happy End" getauft hatte. Nur war ich persönlich nicht ganz so happy mit dem

Verlauf der Dinge. Und begann
entsprechend panisch nach Hilfe zu suchen
und war mit allem Egoismus einer 9-
jährigen einfach so mit der Situation
überfordert und zeigte das bestimmt auch.
Irgendwie.

Und wenn ich mein Essen nicht aufaß, so
fand sich ganz gewiss irgendeine Person,
die mich für schuldig erklärte am
Schicksal hungernder Kinder südlich der
Sahara und daran, dass sich die
Klimakatastrophe in anhaltenden
Regenfällen würde zeigen werden. Eine
ähnlich absurde Koppelung von
Schuldzuweisung und Klima lässt sich ja
auch derzeit gut beobachten.

Wenn sich z.B. Aktivist*innen der letzten
und der derzeitigen Generationen aufgrund
der katastrophalen und
menschenverursachten Verschlechterung der
globalen Klimaverhältnisse mit
verschiedenen Mitteln des friedlichen und
sozialen Ungehorsams dafür einsetzen diese
Missstände zu benennen und sie in den
Fokus der Öffentlichkeit zu rücken,
gestalteten sich Diskurse darüber doch
eher dahingehend, dass weder Missstände
noch Ursachen der Klimakatastrophe benannt
werden, sondern allein die Auswirkungen
der jeweiligen Protestaktionen ihren Weg

in die Medienöffentlichkeit finden.

Wie z.B., dass irgendein Mensch Meier
wegen festklebenden Aktivist*innen heute
nicht mit seinem*ihrem SUV ins Office
fahren konnte und daher achtzehneinhalb
Minuten zu spät zu einem echt wichtigen
Meeting über die Höhe der diesjährigen
Boni-Sonderzahlung kam. Warum Mensch Meier
nicht mit dem Bus gefahren ist, warum es
nicht mal einen Scheißbus gibt, der zum
Businessoffice von Mensch Meier fährt oder
warum Mensch Meier die wirklich
überschaubare Wegstrecke nicht einfach mit
dem Rad fuhr, das fragt gar keine*r. Oder
danach, warum Boni-Sonderzahlungen an
Mensch Meier überhaupt für zulässig
befunden werden. Denn vielleicht sollten
z.B. eher die Gesundheitspfleger*innen von
all den Boni-Sonderzahlungen profitieren,
anstatt für einen absurd niedrigen Lohn,
verehrende Arbeitsbedingungen und
beschissenen Applaus Scheiße und Pisse
kranker Banker*innen aus Körperritzen und
Bettlaken zu entfernen.

Auch scheint die sprachliche Labelung der
Aktivist*innen wenig hilfreich für den
Prozess die ursprünglich
Verantwortlichen sichtbar zu
machen. Denn wenn friedliche
Aktivist*innen zu terroristischen

Gewalttäter*innen verklärt werden, dann scheinen polizeiliche und strafgesetzliche Maßnahmen gegen diese Gruppen folgerichtige Konsequenzen.

Diese Diskussionsverschiebung hin zur Schuldigkeit der Aktivist*innen ist jedoch ungefähr so logisch, wie einem 5-jährigem Kind, dass es nicht schafft, die schleimige Pelle der mittlerweile erkalteten Schokomilch runter zu würgen, die Schuld zu zuschreiben, dass andere Kinder, die eben tragischer und doch zufälliger Weise südlich der Sahara geboren wurden, verhungern mussten. Statt hierfür den tatsächlich Verantwortlichen ihre Verantwortung aufzuzeigen. Nämlich den Befürworter*innen und Nutznießer*innen von Kolonialismus, Postkolonialismus, von Ausbeutung, Kapitalismus und all denen, die auch 2023 noch an der unbegrenzten Freiheit vom Wirtschaftswachstum und Tempo auf deutschen Autobahnen festhalten, weil sonst ... ja was? Vielleicht tatsächlich mal was in Richtung Klimakatastrophe-verhindern und Chancengleichheit-realisieren passieren könnte?!

Mein individuelles Handeln jedenfalls hatte ständig Konsequenzen und zwar in allen Kontexten. Z.b. für Reissäcke, die in der chinesischen Volksrepublik

umkippten oder dies hypothetisch würden tun können.
Die Rate von Vergewaltigungen ließ sich ebenfalls irgendwie auf meine jeweils getragene Rocklänge und zurückgelegter Wegstrecke in Relation zur Tageszeit zurückführen.

Und das selbst dann, als ich nur Latzhosen trug und konsequent zu Hause blieb.

Auch meine sehr individuell erlebte Vergewaltigung gestaltete sich, nachdem ich - selber Schuld und seiner Meinung nach - seinen beschissen Schwanz nicht gut genug gelutscht hatte, zu einer vaginalen Penetrationsvariante der Gewalt.
Und weil ich mich nicht ordentlich beherrschte im Anschluss, sondern psychisch ein wenig labil erschien, wurde ich in die Kinder-und Jugendpsychiatrie eingewiesen. Wieder selbst schuld. Warum musste ich mich auch ritzen als das "Ritzen" noch "Selbstverstümmelung" hieß und noch nicht so im Mainstream verankert war wie jetzt?! Warum nur musste ich die Schule verweigern und die Welt so offensichtlich hassen? Warum habe ich illegale Drogen konsumiert, statt mich einfach nur ordentlich vollaufen zu lassen? Hätte ich mich doch einfach nur ausgehungert, vermigränisiert und mich

aufgelöst und unsichtbar gemacht. So, wie die anderen angepassten netten Mädchen auch. Was soll ich sagen... selber schuld.

Und da ja tendenziell jeder Reaktion eine Aktion zugrunde lag, war ich grundsätzlich in jedes fucking Geschehen aktiv schuldig involviert.
Mein Lachen zu einladend. Mein „Nein" zu bejahend, meine körperlichen Abwehr-Strategien zu kokett.
Ich, zu hübsch, zu weiblich, zu herausfordernd, zu provozierend, zu entgegenkommend oder eben einfach zu existierend.
Da darf ich mich halt nicht wundern, wenn mal was passiert. Ne?

Und nachdem ich all diese Infos einen Frauisierungsprozess lang verinnerlicht hatte, wirken deine Schuldzuweisungen verdammt zielführend. Sie machen nämlich genau das, was sie sollen: Schuldgefühle. Und das Geile ist, Du musst sie nicht mal mehr explizit aussprechen. Im perfekt verinnerlichten vorrauseilendem Gehorsam habe ich gelernt Wünsche, Absichten und unterschwellige Erwartungen so gut wahr- und anzunehmen, dass ich schon prophylaktisch Schuld für mein Dasein und den Wunsch nach Akzeptanz meiner Interessen und Bedürfnisse verspüre.

Und so ahnst Du gar nicht, wie groß die
Herausforderung ist, wenn ich sage: Hier
ist meine Grenze. Wenn ich Dir sage: So
will ich das aber nicht. Oder: Das sehe
ich anders oder ey, ich brauche Raum für
mich.
Nein, für Dich ist das ein Auskotzen
meiner Bequemlichkeit, meiner Privilegien,
meiner Komfortzone. Du nennst es Hysterie
und fragst, ob ich meine Tage hätte.

Echt jetzt?!

Zufällig menstruiere ich
nämlich gar nicht jedes Mal,
wenn ich Deine Arroganz und
Deine Schuldzuweisungen
anprangere.
Und auch Abgrenzung bekomme
ich mittlerweile ganz gut
ohne orale Magenentleerung
hin.
Und meinen Raum nehme ich mir
auch. Zumindest manchmal.
Also, theoretisch. Und für
die Schuldgefühle habe ich ja
die Psychotherapie.

Was, wenn
Wie viel kann
Wie lange
Verdrängt bleiben ohne
Den Schaden und
Die Verletzung
Unendlich werden zu lassen?
Ich habe Angst vor
Dem Schreien der Bilder
Ihrer Schlagkraft
Ihrer Nähe und
Folgen
Ich habe Angst.
Was, wenn ich es nicht schaffe?
Was, wenn der Schmerz
Zu groß ist für mich?
Mein Narrativ wird ein anderes werden
Und ich weiß nicht,
Ob ich es hören will
Es sind zu viele Grenzen, die zu oft
Übergangen wurden.
Es waren meine

An Mr Weinstein und seinesgleichen
Nimm deinen stinkenden Penis
Aus mir heraus
Meine Muschi geht kaputt
Du tust mir weh
Meine Seele zerspringt
Ich habe Todesangst, in mir ist alles in
Nebel
In Dunkelheit
Alles ist anders, kaputt
In 10 oder unendlich langen Minuten
Hast Du mein Leben zerstört
Dein Scheißpenis kostet mich
Eine gesunde Adoleszenz,
Psychiatrie (2mal).
10 Jahre Schweigen, Schuld und Scham.
4 Jahre Therapie und ein bis heute
Belasteter Umgang mit
Nähe und Sexualität
Es gibt keinen Tag
An dem ich mein Opfersein frei wählen kann
Und keinen Tag,
an dem ich Dich aus deiner Täterschaft
entlaste
Fuck you!

Glaube, Schuld, Vergebung
Manchmal fände ich
Ein bisschen
Gläubigsein
Ganz geil
Weil:
Dann könnte ich einfach
IHN
Um Vergebung bitten und
Müsste diese ganze Scheiße
Mit Aufarbeitung und
Mir-Selbst-Verzeihen
Nicht alleine machen.

Trauma
Trauma
Legitimiert nicht dazu,
Sich wie ein Arschloch zu verhalten
Und keine Verantwortung mehr
Für das eigene Tun und Nichtstun
Zu übernehmen.

Auch wenn es vieles davon erklärt.

Für A.
Als Du gingst, explodierte eine Bombe. Sie
explodierte in meiner Hand. Granatsplitter
trafen mich. Meinen Kopf, mein Herz.
Als Du gehst und den Zünder ziehst, stehen
die Kinder neben mir. Meine Kinder. Du
hast sie gesehen. Du hast gesehen, dass
die Kinder – auch Dein Fleisch und Blut –
neben mir stehen. Du hast sie gesehen und
Du hast den Zünder gezogen.
Die Druckwelle hat uns zu Boden geworfen.
Die Kinder. Mich. Du hast Dich umgedreht
und bist gegangen.
Ich hasse Dich.
Ganztägig und auch in den Ferien.
Du hast den Tod meiner Kinder in den Kauf
genommen, nur, um mich zu töten. Um mich
zu bezwingen.
Überall Nebel und Rauch.
Mein Sohn schrie. Meine Tochter war so
still.
Wir haben es überlebt. Dich.
Ich hasse Dich.
Für alles, was Du uns angetan hast. Mir
angetan hast.
Ich versorge die Wunden, die Du zugefügt
hast. Und es bricht immer wieder auf.
Ich hasse mich. Ich habe Dich in unser
Leben gelassen. Zugelassen, dass Du Hass
und Bomben streust.

Ich habe meine Kinder nicht geschützt. So blind und so vernarrt in ein beschissenes Ideal.

Schutzschild
Ich habe mir ein
Schutzschild gebaut
Aus Kiefernholz und
Messingdraht
Ich habs mit rotem Stoff
bespannt
Und bunte Sterne
draufgestickt
Manchmal halte ich es
vor mich
Und verstecke dahinter
mein Gesicht
Dann kann mich niemand
sehen
In meiner Ängstlichkeit
Meiner Verletzbarkeit

Es ist nur manchmal
etwas blöd
Weil ich dann auch
nichts mehr seh`

Der Umgang mit Retraumatisierung
Ich kann die Welt nicht anhalten
Die Zeit nicht zurückdrehen
Ich kann mir keine schönere Kindheit,
Jugend und Zeit des Erwachsens schaffen
Und auch Dir nicht
Ich kann dir zuhören
Ich kann
Darüber sprechen
Ich kann
Einordnen und sortieren
Und
Das Beste daraus machen
Manche Erinnerungen bleiben für immer
schmerzhaft
Wir können lernen
mit ihnen zu leben

Das kleine Buch der Schuld

1
Eva hat einen Apfel gegessen.
Kein Paradies mehr.
Keine Grundversorgung.
Selbst Adam wird dafür
In Sippenhaft genommen
Ach Eva,
Kannst Du Dich nicht einmal an die Regeln
halten?
Eva!
Guck nur, was Du angerichtet hast!

2
Ein paar tausend Jahre später stirbt mein
Opa.
Die ganze Familie kommt ins Haus. Der
Vater von Tante Marga kommt auch. Nachdem
er vor uns Mädchen seinen Schwanz aus der
Hose und mich auf seinen Schoß nahm.
Es folgen:
Geschrei und Rauswurf. Die Oma hat einen
Nervenzusammenbruch.
Ach Lena,
kannst Du nicht einmal leise sein?
Lena!
Guck nur, was Du angerichtet hast!

3
Ich sitze auf einer Bank
Ein Mann setzt sich neben mich.

Zuerst machen wir Smalltalk.
Dann vergewaltigt er mich.
Warum musste ich mich auch auf diese Bank
setzten? Warum bin ich nich einfach
weggegangen? Warum war mein Hals wie
zugeschnürt & warum habe ich mich nicht
gewehrt?
Ach Lena,
Kannst Du nicht einmal einfach nur das
Richtige tun?
Lena!
Guck nur, was Du angerichtet hast!

Ich habe Äpfel gegessen.
Ende?

Frau*
Werden
Frau*
Sein

Utopie
Eine Frau* ohne Angst.

(M)eine Frau*werdung

<u>Kindheit:</u>

- Kannst Du Dich nicht mal, wie ein Mädchen verhalten?
- Sei nicht so laut!
- Sei nicht so wild
- Sei lieb!
- So schöne Haare hast Du.
- Du kümmerst Dich aber toll um Dein Puppenbaby….eine richtige kleine Mama.
- Du siehst aus wie ein Junge.

…sind alles Sprüche, die sind mir schon als Kind Verhasst und vertraut.
Fabian Hölich sagt in der 1. Klasse, dass ich ihn nicht hauen darf, weil ich nur ein Mädchen und außerdem neu bin. Ich komme Ende der 80-er Jahre und am Ende der 1. Klasse in die Grundschule nach Zehlendorf. Ich komme aus Schöneberg, Bülowstraße, Ecke Potsdamer.
Und ich verprügle Fabian Hölich. So richtig.
„Deine Schwester ist ne Nutte", sagt Robert Guss in der vierten. Ich weiß nicht genau, was das heißt, aber ich verhaue ihn trotzdem. Vorsichtshalber.

Meine Mama sagt, Männer muss man in die Eier treten und sich als Frau eh nichts gefallen lassen von denen. Ich glaube, sie hat Recht.

Zu Hause kann meine feministische Mutter
eigentlich alles. Sie kann kochen,
waschen, Möbel bauen. Sie kann die
Fahrstuhltür mit ihren Händen aufreißen,
als meine Hand gerade eingequetscht wird.
Sie kämpft für die Rechte der
Arbeiter*innen, die Freiheit der
Kämpfer*innen in Nicaragua und die der
Frauen* in El-Salvador. Der Klassenkampf,
dass weiß ich bereits als Kitakind, kann
nur **mit** der Frauenfragen entschieden
werden. In der Küche steht die Solikasse
aus weißem Ton und bemalt mit Blumen in
blau und gelb.

Egal, wo ich mich bewege, meine Mutter ist
eine Größe für sich. Im Krankenhaus - in
dem sie arbeitet und in dem wir wohnen- ,
der Gewerkschaft, der Partei. Auch die
Freund*innen meiner Mutter sind so wie
sie. Alle sind cis und hetero und alle
sehr revolutionär und sie können so viel
und eigentlich alles und manchmal gibt es
auch Männer zu den Frauen. Aber die sind
nicht so wichtig. Und übriggeblieben ist
heute auch keiner.

In den Vorlesebüchern und den Geschichten
sind die Frauen anders. Also auch cis und
hetero, aber sie gehen nicht
erwerbsarbeiten und machen auf keinen Fall
Klassenkampf. In meinen Geschichten sind
Frauen Mütter. Sie versorgen Kinder und
warten auf Ehemänner, die abends nach

Hause kommen. Das finden sie sehr schön,
lächeln immerzu und sie sind wahnsinnig
glücklich. Oder sie sind tot. Dann lächeln
sie immer noch, aber sie versorgen nicht
mehr.

Manche Frauen sind natürlich auch keine
Mütter. Das sind dann Hexen und sie wollen
Kinder verbrennen, essen oder sie irgendwo
im Wald aussetzen. Ich mag das aber nicht.
Die Mütter der Schulfreund*innen sind auch
zu Hause und versorgen Kinder und warten.
Aber die meisten sehen dabei nicht sehr
glücklich aus.

Mit Felix, das ist mein bester Freund,
streife ich durch die Gärten der
Wohnsiedlung und durch den nahen Wald.
Weil kalter Krieg ist oder war, und wir
genau neben der amerikanischen Zone
wohnen, gibt es da den
Truppenübungsplatz. Da rumzuhängen ist
aufregend. Im Sommer sind wir am See und
springen von der Birke aus ins Wasser.
Einmal finden wir eine umgekippte Parkuhr
und schleppen sie zu Felix in den Keller.
Da brechen wir sie auf und investieren
unseren neuen Reichtum in kiloweise
Süßigkeiten vom Kiosk an der Ecke. Wenn
ich erwachsen bin, möchte ich Felix
heiraten und übe schon mal meinen neuen
Nachnamen schreiben. Heicken, mit „CK".
Erzähle ich ihm aber nie und bin tief
verletzt, als er sich in der sechsten in

ein Mädchen aus der Parallelklasse
verliebt.

Meine Freund*innen dürfen nicht so richtig
alleine raus. Mit ihnen spiele ich unter
der Aufsicht ihrer Mütter. Bei Kathi Wulf
reiten auf Pferden, die wir aus den Böcken
der Tapeziertische bauen. Wir spielen
feine Dame und verstoßene Kinder. Wir
haben einen geheimen Detektiv*innenclub,
ganz ohne irgendwelche Fälle. Wir
recherchieren trotzdem und finden uns
mega. Ab und zu werden uns belegte Brote
und saure Gürkchen in unser Büro im Keller
gebracht. Da gucken wir auch manchmal die
BRAVO an und können nicht verstehen, dass
Jugendliche und Erwachsene Verwendung
haben für Kondome mit Geschmack. Auch
nicht, als Vivi, die Babysitterin es uns
zu erklären versucht.

In einer Geschichte lese ich: „Liebe
kleine Krumulus, lass mich niemals werden
gruß!" und ich möchte für immer ein Kind
bleiben.

-   Geil! Mach doch mal was aus Dir.
-   Du könntest so schön aussehen.
-   Mädchen ab einem gewissen Alter
    müssen sich die Beine rasieren.
-   Setzt Dich nicht so breitbeinig
    hin.

- Was sollen denn die Leute denken,
  wenn Du in diesen Klamotten
  rumläufst?!

Meine Kindheit endet an einem Nachmittag
im Herbst. Es hat geregnet, ich bin
dreizehn und überlebe meine
Vergewaltigung.
Überleben fühlt sich scheiße an. Erwachsen
werden auch. Ich hatte Recht:
Frausein lohnt sich nicht.

Traum(a) der Jugend:
Ich habe Brüste und hasse sie.
Menstruation hasse ich auch.
Ich färbe die Haare grün. Dann blau, dann
schwarz. Schneide sie ab.
Erwachsene sind scheiße. Das Leben ist
scheiße und die ganze Scheißwelt auch.
Ich spreche nicht über die Vergewaltigung.
Mit niemanden. Neun Jahre lang.

Im Club lerne ich - learning by doing -
was die Funktion eines Darkrooms ist. Und
betrete ihn nie wieder. Jugend ist ein
Abschnitt in der Erinnerungen keine
zeitliche Einordnung haben.

- Willst Du ficki-ficki machen?
- Mädel, lach doch mal!
- Du brauchst einfach mal wieder
  einen richtigen Schwanz in Deiner
  Fotze

-   Heute schon gefickt? Ich will doch
    nur mit Dir reden.

Jugend heißt: Auf Trebe sein. Per Anhalter
durch Europa. Lungenentzündung in einem
besetzten Dorf kurz vor Amsterdam.
Erschossener Dealer und Straßenmusik mit
Katze. Verliebt sein und mich davor
fürchten. Einweisung in die Kinder-und
Jugendpsychiartrie. Diese gelben Wände!
Und jeden Tag der gleiche Witz. Die
Mädchen hier sind entweder borderline oder
haben ne Essstörung. Ich habe keine
Grenzen und sie werden alle übergangen.
Immer und immer wieder.

Jugend ist … schmerzhaft.

<u>To be adult:</u>
Seit meiner Volljährigkeit sind mehr al 20
Jahre vergangen. Ich bin im Erwachsensein
angekommen. Und weiß, auch dieses Ankommen
spiegelt nur den Augenblick, ein
Innehalten vor dem nächsten Weitergehen.

Das Nachpfeifen wird weniger. Die
Einladungen zum „Ficken" und „so richtig
durchgefickt werden" weichen
kultivierteren Einladungen zum
Kaffeetrinken oder Tanzen. Der Sexismus
und die die patriarchalen Strukturen
dahinter bleiben. Ich bin seit langem
keine „Fotze" mehr (zumindest meistens),

dafür immer häufiger „frustrierte Emanze"
und „hot, sexy Singlemom".

Erwachsen werden heißt auch: Ein Zuhause
finden. Und jedes Mal, wenn ich ankomme
bin ich schon wieder Suchende. Weil
„Zuhause" für mich nie an einen Ort
gebunden sein wird.

Weil Zuhause - und diese Erkenntnis kommt
mir erst Jahre später – das Ankommen in
mir selbst beschreibt. Die Wege dahin nie
gradlinig, oh nein! Wie oft verlaufe ich
mich, gehe im Kreis, in Serpentinen und
stürze ab. Stehe vor Sackgassen,
Einbahnstraßen. Weggabelungen. Oder
einfach nur im Nebel.

Die Wege führen mich durch verschiedene
Länder und Kontinente. Ich stehe am Meer
und tauche in den Amazonas. Das
tausendfache Grün der verzaubert mich
genauso, wie die Strenge Ödnis der
Hochanden und der eiskalte chilenische
Wüstenmorgen. Ich fahre mit Rad durch den
Novemberregen in Berlin und bin frei.

Erwachsensein. Das bedeutet Verantwortung
zu haben und manchmal das Gefühl an ihr zu
zerbrechen. Ein Netzwerk zu sein und eines
in Anspruch zu nehmen. Es bedeutet meinen
Platz zu finden in der Überlappung meiner
Rollen, Rollenzuweisungen und
Rollenerwartungen. Erwachsen zu sein heißt

aufzuwachen. Macht und Privilegien zu
erkennen und mit denen zu teilen, denen
sie verwehrt sind. Es heißt auch, einen
Schritt zurück zu treten und den Träumen
und Bedürfnissen, Rechten und Visionen der
nachfolgenden Generation Platz zu machen.

Erwachsensein bietet Möglichkeit ein
bisschen weniger absolut und etwas
nachsichtiger mit mir und der Welt zu
sein. Es räumt ein gewisses Maß an
Fehlerfreundlichkeit ein. Erwachsensein.
Zurückblicken und nach vorne schauen.
Atmen.

Die Mutter von (1):
Ich bin die Erdmutter, Reinkarnation von
Pachamama. Ich bin eine Göttin, die Kraft
ihrer Selbst neues Leben erschafft. Schon
vor dem Milcheinschuss sind meine Brüste
so groß, dass ich nicht weiß, wie ich die
auf Dauer tragen kann und mein Körper hat
sich als Allgemeingut entpuppt, das von
Innen und Außen vermessen, bewertet,
untersucht und dann auch noch mietfrei
bewohnt wird.

Am Samstag stehe ich auf und weiß, dass
heute mein Kind geboren wird. Und dann
gebäre ich. Es ist die krasseste und
überwältigenste Aktion, die ich je
durchgeführt habe. Durch meine Scheide
presse ich ein Kind. Mein Kind! Zuerst

fühle ich ihre Haare und dann folgt der
ganze kleine Mensch. Sie ist so
wunderschön und vollkommen und perfekt.
Sie ist mein Kind. Meine Mutter
durchtrennt die Nabelschnur, meine
Schwester steht dabei.
Die Hebamme gratuliert und der CD-Player
spielt „Mujeres" in Dauerschleife.
Ich halte meine Tochter im Arm.

Als Mutter von betrete ich neues Terrain
in der Frauen*schaft. Ich schlafe nicht
mehr, bin vollkommen übermüdet, lasse mich
ankotzen und wische ständig Scheiße aus
und beruhigende Cremes in Hautfalten. Ich
nehme 30 kg ab und bin entzückt und
glücklich, wenn das Kind pupst und guckt
und „ah" macht oder „oh".
Obwohl ich mich bemühe weiterhin an allen
Aktivitäten meiner studentischen,
kinderlosen Freund*innenschaften
teilzuhaben, fühle ich, wie ich Stück für
Stück nicht mehr hineinpasse. Die Besuche
werden seltener und hören schließlich fast
ganz auf. Es gibt Tage, da beschränken
sich meine Unterhaltungen mit anderen
Erwachsenen darauf, ob ich einen
Kassenzettel wünsche, ja oder nein und
„einen schönen Tag noch".

Ich bin wahnsinnig erleichtert, als sich
ein halbes Jahr nach der Geburt die
Gelegenheit ergibt eine Erwerbsarbeit
auszuüben und zögere keine Sekunde mit der

Zusage. Und wenn ich das Kind in der Betreuung abgebe, dann reißt mein Herz und ich hetzte nach Arbeit schnellst möglich zurück zu meiner Tochter, um alles an verlorenen gemeinsamen Augenblicken nachzuholen. Klappt aber nie.

Nicht so optimal:
Eine weitere Schwangerschaft beende ich. Ich bin nicht bereit einen zweiten Menschen so zu versorgen, wie ich es jetzt tue. Ich bin nicht bereit noch einmal so zu lieben. Auch der Zeitpunkt und der Erzeuger des Zellhäufchens sind nicht so optimal.

Die Bedingungen um den Abort sind mir ein Graul. Die Pflicht mich beraten zu lassen, entmündigt mich und verletzt. Die Gynäkologin besteht auf einen medikamentösen Abbruch, ich hatte ja gerade erst die Konisation. In Mangel an Wissen und Alternativen stimme ich zu. In der Folge werde ich einen Monat lang bluten. Und am Ende wird mir das Blut die Beine runterlaufen. Meine Gynäkologin wird mir sagen, ich solle mich nicht so anstellen. Es wäre schon alles okay, Blutwerter seien prima. Ich werde zweimal ohnmächtig werden. Schließlich werde ich in ein Krankenhaus gehen und sie werden eine sofortige Nachkürettage veranlassen, Sie werden 5 cm lange Baby-/ Gebärmutter-

/Gewebe- Schleimreste aus mir herausholen. Es ist ein sehr christliches Krankenhaus. Auf den Gängen gehen die Nonnen. „ Immer machen die irgendwelche Abtreibungen und wir müssen das ausbaden". Ich fühle mich schmutzig, schuldig. Sobald die Narkose nachlässt, holt mich meine Freundin und wir verlassen das Krankenhaus.

Am Ende wird mich meine nun ehemalige Gynäkologin am Geburtstag meiner Tochter anrufen und sich entschuldigen. Sie hätten versehentlich die Blutproben vertauscht, meine Werte seien besorgniserregend und ich solle doch dringend ein*e Ärzt*in aufsuchen. Danke, für gar nichts.

Die Mutter von (2):
2 Jahre später werde ich erneut schwanger. Ich entscheide mich für das Kind. Ich bin so weit. Ich habe bisher alles gewuppt und das hier schaffe ich auch. Bestimmt. Und überhaupt, meine Tochter ist ja schon groß… Das Kind ist nicht geplant, aber ich freue mich mit jeden Tag der

Schwangerschaft mehr auf das, was da kommt.

Diesmal nehme ich mir ernsthaft vor alles richtig zu machen. Ich informiere den Erzeuger über die Schwangerschaft und beschließe mit allen Mitteln und Möglichkeiten ein gemeinsames Leben zu versuchen. So wirklich!

Und ein paar Monate später gebäre ich … nochmal!

Die Geburt ist schrecklich, die Nabelschnur liegt um den Hals meines Kindes und das Fruchtwasser ist grün. Ich atme und atme und mein Kind hat immer schlechtere Sauerstoffwerte. Im Kreissaal nebenan wird der Kaiserschnitt für mich vorbereitet: „Wir geben ihnen noch eine halbe Stunde, dann holen wir das Kind". Die Hebamme, die gleiche, die auch schon die Geburt meiner Tochter begleitete, vollbringt das Wunder. Sie greift in mich und zieht das Kind raus, während ich unter ihrer Anleitung presse und atme und meine Mutter von oben auf den Bauch drückt und schiebt. Kurz vor oder nach Mitternacht kommt mein Kind auf die Welt. Es ist zerknautscht und eingedellt und macht gar keine Geräusche. Aber es liegt auf mir und wir atmen.

Es ist Mai, Tag der Befreiung. Und dann ist alles unwichtig und ich stelle fest, wie weit ein Herz werden kann. Mein Sohn ist so wunderschön und vollkommen und perfekt.

Und weil ich ja alles richtig machen will, mache ich jetzt so heteronormatives Familienleben. Ich koche und ich putze. Ich mache Mamasachen. Und in der Nacht, wenn die Kinder schlafen, stehe ich auch sexuell zur Verfügung.

Es richtig machen:

Es ist 2015 und jeden Tag kommen neue Menschen nach Berlin, die vor Krieg und Aussichtslosigkeit fliehen. Menschen, die gar nichts haben. Im Netz ein Aufruf: „Wir brauchen Helfer*innen für eine Notunterkunft. Es fehlen Geld, Struktur und Mitarbeiter*innen. Nur neue Menschen kommen immerzu. Es ist so viel Arbeit! Ich schreibe und male ein Kinderbuch. Ich organisiere Großspendenaktionen und lasse mich beschimpfen. Ich nehme das Baby mit in die Notunterkunft und es liegt in seinem Körbchen unter einem Schreibtisch. Da kommen so viele Menschen und erzählen so schlimme Dinge. Sie weinen. Wie viele Geschichten können Menschen erleben, ohne zu zerbrechen? Wie viele Geschichten kann ein Mensch hören, bevor das Herz überläuft? Ich bin täglich in der

Unterkunft, höre zu, berate, organisiere. Schreie Mitarbeitende von Behörden an und reihe mich mit Kinderwagen und Regenschirm in die langen Schlangen vor dem LAGESO, um zu übersetzen und Solidarität zu zeigen. Und manchmal hilft die Anwesenheit des Babys, um die Wartezeit ein wenig zu verkürzen.

Nachmittags kommt der Mann und bringt die Tochter in die Unterkunft. Dann ist sie bei mir, wir machen Hausaufgaben und manchmal spielt sie mit den anderen Kindern im Hof und malt Bilder mit Kreide auf den Stein.

Ich kaufe mir ein lächerliches weißes Kleid und verkleide mich als Braut. Ich lächle und wir sind ein entzückendes Paar und eine so nette Familie. Die Eheschließung ermöglicht die kostenfreie Krankenversicherung und eine Aufenthaltsgenehmigung. Und im Sommer bekommt der Ehemann auch seine Arbeitserlaubnis.

Und meine Mutter Lungenkrebs. Nach 17 Jahren in/auf Cuba kehrt sie zur Behandlung nach Deutschland zurück. Ich funktioniere, versorge die Kinder und wir begleiten meine Mutter dabei nicht zu sterben. Ich putze weniger. Koche selten. Und falle nach Tagen voller Arbeit,

Organisation und emotionaler Careversorung
todmüde ins Bett.
Und just als meine neuen Ausweisdokumente
mit dem angeheirateten Namen zur Abholung
bereitliegen, ist der Mann zu Carmen
gezogen und ich bin allein. Mit zwei
Kindern, einer Mutter mit Krebs und
schweren Depressionen und einer Wohnung,
die ich mir nicht leisten kann.
Upsi.

Die kranke Frau:
Mit der Diagnose meiner Mutter höre ich,
nach 21 Jahren, auf zu rauchen. Der
Lungenkrebs und der Schmerz meiner Mutter
machen diesen Prozess verhältnismäßig
einfach.
Schleichend, nach und nach habe ich
zunehmend Probleme mit der Verdauung und
schmerzhafte Blähungen. Die konsultieren
Ärzt*innen haben freundliche Worten und
keine wirklichen Ideen.

Während meine Mutter aller Statistik
trotzt, den Krebs überwindet und langsam
aber stetig die zerstörerischen Folgen der
Chemo- und Strahlentherapie verdaut,
eskaliert etwas in meinem Körper.
Die Blähungen sind mittlerweile so
ausgeprägt und so dauerhaft, dass mir das
Atmen schwerfällt. Ich sehe aus, wie
zuletzt in meinen Schwangerschaften, nur
dass da kein Baby in mir ist, sondern

Luft.
Die Magen-Darm-Spiegelung zeigt zwar die
Entzündung an und gibt doch trotzdem
keinen Hinweis auf die Ursachen der Mengen
von Luft in meinem Körper.
Ich bekomme ein Antibiotikum nach dem
nächsten und bleibe krank.

Das Jahr beginnt mit einem neuartigen
Virus, das sich massenhaft in China
verbreitet.
Und bald ist das Coronavirus auch in
Deutschland angekommen. Der Kinderladen
meines Sohnes schließt wegen
Gentrifizierung. Ich bin seit Wochen
krankgeschrieben, kann immer noch nicht
atmen und der erste Lockdown wird
verhängt.

Krank. Homeschooling. Homekindergardening.
Zwischendrin weitere Untersuchungen in
Krankenhäusern, die zwischen finanzieller
Sparflamme und vollkommener Überlastung
qualifizierte Arbeit leisten sollen.
Alles, was nicht direkt erklärbar ist,
wird meiner Psyche zugeschrieben. Oder
meinem Uterus?
Ich stelle fest: zumindest Frauen*
gegenüber ist die Qualität der Behandlung
ausbaufähig.

Nachdem auch das Medikament gegen Pest und
Cholera keine heilende, dafür aber recht
schmerzhafte Nebenwirkungen zeigt, stelle

ich die Behandlung ein und irgendwie
erholt sich mein Körper Stück für Stück.
Es folgt ein zweiter Lockdown und neben
der ganztägigen Beschäftigung als
Hauserzieher*in und Hauslehrer*in versuche
ich diesmal auch meiner Erwerbsarbeit
nachzukommen.
Bis im Spätsommer mein Bauch neuerdings
vor lauter Luft auf abnormale Maße
aufquillt.
Es geht mir schlecht und schlechter.
Und alle Untersuchungsergebnisse ergeben,
ich bin gesund. Ich bin müde und verbringe
4 Wochen im Krankenhaus, wo ich in allen
Einzelheiten, Abschnitten und Schichten
meines Körpers untersucht werde.
Es ist ein anderes Krankenhaus und ich
finde eine Ärztin, die ganz offensichtlich
beschlossen hat, Patient*innen ernst zu
nehmen, ihre Würde zu achten und einen
Mangel an weiblicher* Gesundheit nicht dem
Mangel eines Penises und dem Vorhandensein
von Eierstöcken anzulasten.
Im Laufe der Wochen und Monate sammle ich
die eine oder andere Diagnose und
Erfahrung im Umgang mit seltenen,
chronischen Erkrankungen und
weitverbreiteteter und ebenso chronischer
Übergriffigkeit männlich* positionierter
Ärzte. Und hasse beides.

Und ich erfahre unglaubliche Unterstützung
von meinen Freund*innen (Ich werde nie

genügend Worte haben, um auszudrücken, was
Ihr mir bedeutet!!!) und meiner Mutter.

Sie kommen täglich zu mir. Sie wechseln
sich ab, fahren mich zu allen Terminen, zu
denen ich allein es nicht schaffe. Sie
ziehen bei mir ein, leben den Alltag mit
meinen Kindern, den ich nicht leben kann.
Und in ihren Armen, ihrer Fürsorge und
ihrer Liebe heile ich.

Freund*innen:
Meine Mutter hatte drei beste
Freund*innen. Die waren immer da. Und sie
sind so viel mehr als Freund*innen! Sie
sind Tanten, Mütter, Wegbegleiter*innen.
Es sind die Frauen*, die mein Leben am
stärksten mitgeprägt und begleitet haben.
Sie sind meine Familie.

Und vielleicht war genau diese Art von
Freund*innenschaft, diese Zuneigung,
Loyalität und Solidarität, die sie uns
vorlebten, ausschlaggebend für die
Beziehungen, die ich heute zu meinen
Freund*innen habe. Meine Freund*innen sind
mein Leben. Sie sind diejenigen, die mich
aufrechterhalten in allen Krisen, mit
denen ich das Glück und das Schöne teilen
mag. Sie sind da, wenn ich sie brauche
oder wir einfach zusammen Zeit totschlagen
wollen. Meine Freund*innen sind mein

Zuhause, meine Quelle der Liebe, Hoffnung und Sicherheit.

Im Laufe der Jahre sind weitere Frauen* in mein Leben getreten. Zufällige Wege und Begegnungen, die uns zu einander brachten. Ich bewundere sie. Ihre Stärken und ihren Mut! Ihre Unterschiedlichkeit! Ohne meine Freund*innen hätte ich nicht überlebt. Sie sind da und meine Kinder wachsen in ihrer Mitte auf. Und ich kann mir keine Schönere und wertvollere Mitte denken als diese.

Ich habe Kopfschmerzen
Ich habe Kopfschmerzen
Vom
Lächeln
Nicht lächeln
Abgrenzen und Nähe
spenden
- My Body, my choice -
Ich bin so müde von
Krankheit und Hoffnung
Von Enttäuschung,
Versöhnen und Heilen
Ich heile nicht
Mein Body ist ein
Arschloch
Und die Nähe kann mich
mal

Mutterschaft

Ich bereue nicht/ Meine Kinder/ Bekommen
zu haben/ Und würde sie wieder und wieder
bekommen/ Und gleichzeitig klebt diese
Mutterschaft/ Wie ein zäher Kaugummi an
mir/ Erstickt mich/ Lullt mich ein/ Meine
Kinder sind großartige Wesen/ Und meine
Liebe zu ihnen/ Überwältigend/
Mutterschaft/ Reimt sich/
Auf Einzelhaft

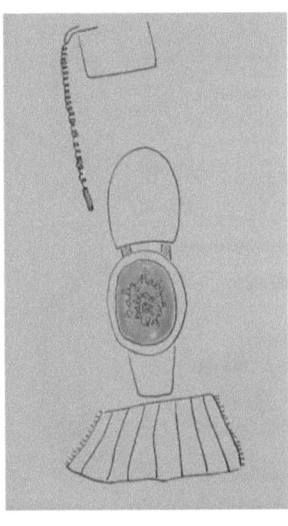

Abbruch

Das waren wir
Es war eine Hälfte
Von jedem von uns
Wir hatten ein Papier
Da stand es drauf und war
Auch gut zu sehen
Ich habe es gespürt
Und in mir gefühlt
Das waren wir
Es war eine Hälfte
Von jedem von uns
Und jetzt liegts im Klo
Und ich glaube
Es ist auch besser so

Alles, was ich mir wünsche
Nicht mehr wollen sollen,
Müssen können
Können sollen
Ruhe haben
Zeit bewahren
In
Kleinen Zuckerdosen
Kein Komm mal her
Und weiß nicht wer
Das sonst machen wird
Kein Haste nicht
Und kannste nicht
Eben mal noch drüber schaun

Alles, was ich mir wünsche
Ist eine Tür zum Abschließen

Konst
rukt &
Leben

Mit Hitler in der Bahn
Gegenüber von mir sitzt Hitler.
Ich fahre S-Bahn.
Im letzten Waggon, ganz hinten sitze ich,
auf einem dieser Viererplätze.
Dann steigt Hitler ein.
Er trägt Seitenscheitel,
Oberlippenbärtchen, Militärhosen und
Sneakers.
Natürlich ist Hitler ein äußerst niedrig
gewachsener Mensch.
Er setzt sich genau gegenüber von mir hin,
seine sehr kurzen Militärbeinchen weit
auseinander gestellt.
Hitler sieht müde aus. Und sehr bemüht
möglichst männlich* rüberzukommen.
Ich schwanke zwischen Unwohlsein und
Mitleid.
Ist sich Hitler darüber bewusst, dass er
genau wie Hitler aussieht?
Oder ist es Zufall?
Können Menschen zufällig aussehen wie
Hitler?
Weiß er nicht, wie lächerlich seine
Versuche männlichen* Habitus und Stärke zu
demonstrieren, auf andere wirken? Hat
Hitler keine Freund*innen, die ihn
liebevoll darauf hinweisen könnten?
Wie eine Parodie seiner selbst sitzt
Hitler da rum und starrt in sein
Smartphone.
Ob er gewalttätig ist?

Wenn ja, dann ist er jedenfalls schmächtig genug, als dass sich ein Großteil aller Erwachsenen körperlich ganz gut gegen ihn behaupten könnte.

Er sieht wirklich sehr müde aus. Hat Hitler ein Burnout?

Je länger ich Hitler gegenüber sitze, desto mehr tut er mir leid. Ich glaube, es muss sehr anstrengen Hitler zu sein.

Hitler gähnt und streicht sich durch seine fettigen Haare.

Hat Hitler kein Geld für Shampoo?

Fast schon möchte ich mein anfängliches Unwohlsein in den Wind blasen und Hitler versichern, dass alles wieder gut wird.

Dass wir garantiert eine Lösung finden und er nicht länger Hitler spielen muss.

Vielleicht möchte Hitler ja auch gar nicht Hitler sein.

Wir könnten drüber reden und gemeinsam nach Shampoo gucken. Wir könnten gemeinsam zum Shoppen gehen, mit übereinandergeschlagenen Beinen bei der Frisör*in sitzen und uns die Haare über der Oberlippe rasieren lassen.

Vielleicht könnten wir sogar Freund*innen werden.

Dann hält die Bahn. Wir sind nicht mehr in Berlin. Hitler hängt sich seine Deutschlandfahne um die Schultern, greift sich in den Schritt und steigt aus.

Naja, vielleicht werden wir doch keine
Freund*innen.

Offenheit

Wir reden ganz offen und frei
über alles, was uns nicht bewegt.
Und über das,
was uns tatsächlich was bedeutet,
Schweigen wir uns beharrlich aus

Bullerbü (1)

Unbeschwerte Kindheit und das
Herumspringen auf Heuhaufen. Ohne
permanente Beaufsichtigung Erwachsener
Abenteuer erleben. Bonbons naschen, ein
Waldidyll mit Schlittenfahren und
handgestricktem Pulli inklusive.

Doch mal ganz ehrlich:

Hätte Lasse statt des Pullis und der
Abenteuer nicht mal ein bisschen politisch
korrekte Werterziehung bekommen können?
Dann hätte er vielleicht davon absehen
können rassistische Witze über Schwarze
Kinder in dunklen Kammern zu reißen. Doch
weder seine Lehrer*innen, noch irgendeine
andere erwachsene Person beziehen hierzu
Stellung, greifen ein oder geben dem Kind
irgendwie Orientierung. Es scheint also
okay zu sein, rassistisches Verhalten in
Bullerbü.

Und wäre Pippi vielleicht doch irgendwo
außerhalb des Smalands zur Schule gegangen
oder hätte mit, statt über die Menschen
geredet, deren Länder sie bereiste, ach,
vielleicht hätte sie ein Korrektiv
bekommen zu all den kolonialistischen
Allmachtsbestrebungen ihres Vaters.

Und auch Lotta, die Kleine Lotta aus der Krachmacherstrasse, die Tante Berg als Nachbarin hat und einen Schweinsbären Namens „Teddy", sie hätte so dringend Erwachsene um sich gebraucht, die eingreifen und korregieren, wenn sie sich mit Ruß bemalt und entlaufener N-Sklave spielt. Wenn sie dabei schaurige Geräusche macht und will, dass sich alle Kinder vor ihr fürchten, weil sie ja so schwarz und gefährlich sei. Aber Lottas Papa, obwohl (oder weil) ein angesehener Journalist, der bei der städtischen Zeitung arbeitet, er greift nicht ein. Und Lottas Mama, natürlich Hausfrau von Berufung her, unterlässt es ebenso.

Das sind die Bilder, die da gezeichnet werden.

Will und kann ich verantworten, dass meine Kinder solchen Geschichten ausgeliefert sind? Oder die Kinder, die mit meinen Kindern spielen? Warum stehen diese Bücher auch heute noch in den Schaufenstern, den Regalen und Bibliotheken? Warum lesen Lehrer*innen sie noch immer vor? Warum stören wir uns nicht laut und kollektiv daran?

Weil die Geschichten so schön sind. Weil sie Kindheit sind.

Zumindest wenn Deine Kindheit *weiß*, blond, abled und privilegiert genug war.
Und wenn Du auch heute noch findest, dass es okay ist, wenn Kinder rassistische Witze machen, wenn Du die Idealisierung der Kolonialgeschichte in poetischer, kinderzentrierter Sprache gutheißt, findest, dass es völlig okay oder witzig ist, wenn Väter ihre Kinder in dunkle Holzschuppen sperren und erwachsene weibliche* Personen ausschließlich als sorgende oder tote Mütter dargestellt werden, nun, dann lies die Scheiße einfach weiter.
Ich mache das nicht mehr.

Nacht ohne Himmel

Nacht ohne Himmel
Ohne Grenzen
Wenn Sterne durch die Fenster
Scheinen
Mir die Welten noch immer zu klein
Auch der Morgen
Himmellos
Spielt
Der kleine Vagabund
Vom
Vorvorgestrigen Tag
Wieder und wieder
In meinem Kopf
Drehen sich die Spiegelglasfenster
Umher
Treiben und Loslassen
Können
Sie nicht
Wenn die Nacht
Keinen Himmel mehr hat.

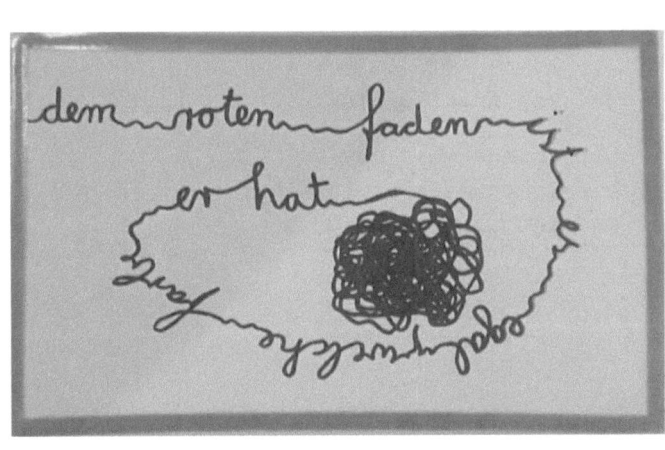

De -Konstruktivismus

Lets overcome diese
bipolare Geschlechterscheiße
and let us be human* beings

Fuck Bullerbü

Die Abkehrung von rassistischer und patriarchal geprägter Wert- und Normdominanz erfordert neben offener Kritik an weißer, profitorientierter Männlichkeitsverehrung auch die radikale Auseinandersetzung eigener Anteile solcherlei geprägter Sehnsüchte, Wünsche und Ideale.

Konkret stellt sich die Frage: Was passiert hinter den Türen von Bullerbü? Wo sind unsere Schwarzen Schwestern, Brüder, Söhne und Töchter in der kleinen Stadt? Warum schweigt ganz Löneberga angesichts offenkundiger Kindeswohlgefährdung?

Wem dient die Idealisierung von Bullerbü? Und was hast Du davon?

Dazwischensein

Meine Biographie hat zu viele
Kanten und Brüche und
Widersprüche,
Um zu beschreiben, wo ich stehe
Wer ich bin
Muss ich meistens
Auf ein
Dazwischen zurückgreifen

Dazwischensein
Ist ein bisschen wie halb
Oder nicht ganz
Ein Wedernoch

Manchmal möchte ich
Weder halb
Noch dazwischen sein

Quatsch
Wäre ich weniger absolut
Vieles wäre mir bestimmt leichter
Wäre ich weniger radikal
Eckte ich gewiss nicht so oft an
Meine Träume und Wünsche
Oft
Wirklichkeitsfern
Im grellem
Schwarz-Weiß
Manchmal glaube ich fast
Weniger könne mehr sein

Aber das ist natürlich Quatsch

Bullerbü (2)
Wir treffen uns am Abgrund.
Wir grinsen uns an und gucken runter. Echt tief.

Das Grinsen in Deinem Gesicht versteckt die Wut nicht und nicht Deine Fassungslosigkeit. Mein Lachen ist immer drei Nuancen zu schrill und mein linkes Auge hat seit der Trennung so ein unangenehmes Dauerzucken entwickelt. Du redest so reflektiert und ruhig, dass ich Angst habe, dass Du jeden Moment einen Sprengstoffgürtel zündest. Aber Du hast gar keinen um.

Unten liegt ein riesen Haufen kaputter Träume. Scheiße in rosa und himmelblau. Oder gelb und blau, mit schwedischem Holzhausrot. Da liegt unsere Zukunft, unsere Vergangenheit. Hingekotzt.

Dabei haben wir alles so gemacht, wie es uns gesagt wurde.

Dieser Traum von Bullerbü, den uns unsere alternativen Halböko-halblinksinterlektuellenbildungstumseltern mit in die Wiege gelegt haben, wir haben daran geglaubt. Wir haben uns so viel Mühe gegeben, uns so lange zu verbiegen, zu belügen, bis wir da reinpassen.

Dieses weiß-blonde Idealbild von Familie, Mutter, Vater, Knecht und anderen Leibeigenen, Kinder. Ein Leben im Holzhaus. Daneben ein Apfelbaum und hinter dem kleinen Wäldchen liegt der See, wo wir im Sommer nackt von dem kleinen, wackligen Holzsteg aus hinspringen und baden.
So geht unsere Reinform von Zufriedenheit und Sehnsucht. Das ist unser Paradies, unsere Vorstellung von Glück.

Wir liebten Pippi, weil sie so stark und unabhängig war.
Das sie offen radikal-rassistisch argumentierte und ein kompletter Band ausschließlich kruder Kolonialisierungsphantasien gewidmet war, nahmen wir stillschweigend in Kauf. Dass Ole und Lasse den N* als Objekt ihrer Witzeleien wählen, stört uns nicht. Das N*Wort ... musste ja immer auch im Kontext der Zeit betrachten. Als ob Rassismus vor 50 Jahren weniger rassistisch war! Das Michel von seinem Vater schlimmste Gewalt und Demütigung erfährt und niemand diesen erwachsenen Tyrannen zur Rechenschaft

zieht - kein Problem. Auch Löneberga ein
Symbol der heilen Welt.
Frauen, ob in Löneberga, in der
Krachmacherstrasse oder in der kleinen
Stadt, sind Mägde oder Mütter. Manchmal
auch Engel. Einfältig, glücklich, immer
das Wohl der Liebsten im Blick. Auch
Lovis, die im Wald mit den Räubern
haust...geliebt haben wir sie, wie sie die
Gewalt ihres cholerischen Mannes stoisch
erträgt, keine Widerrede, wenn gar Borka
fordert, Matthis möge ihr vorlautes
Mundwerk stopfen. All diese Bilder,
Figuren, Zusammenhänge prägten die
Vorstellungen idealer Lebensentwürfe
unserer Generation, prägten uns.

Und wir? Wir haben diese Konstrukte
inhaliert. Wir haben Beziehungen
aufgebaut, Kinder bekommen. Wir leben in
den richtigen Vierteln der Stadt. Wir
haben es geschafft. An unseren Fenstern
hängen jahreszeitentsprechende Bastelwerke
unserer Nachkommen - Ergebnis unserer
pädagogisch wertvollen Erziehung. Aus
unseren Häusern dringt Lachen und der Duft
von selbstgebackenem Kuchen. Wir gehen
arbeiten, saugen Staub und machen das

Abendbrot. Es ist alles wunderschön und perfekt.

Und dann sitzt dein Kind heulend in der Küche, weil die anderen Kinder gesagt haben, Kinder mit dunkler Haut können nicht Prinzessin sein. Weil das dreckige Haut ist. Und du bekommst plötzlich mit, dass dein Mann seit Jahren Pornos konsumiert und gerade Nacktbilder von der Schauspielerin, aus dem Film, den er mit eurer Tochter guckt, runterlädt. Deine nette Nachbarin wählt seit neustem die AFD und der Mann deiner Mutter hasst sie, weil sie es gewagt hat einfach so Krebs zu bekommen. Ohne ihn zu fragen. Du kommst nach Hause und stellst fest, dass dein Mann gerade zu seiner neuen Sexualpartnerin oder Muttiersatzfrau gezogen ist, kommt drauf an, wie Du sie nennen willst. Du sitzt im Bus und wirst als Pack bezeichnet. Unbekannte machen Tiergeräusche, wenn Du die Straße überquerst. Deiner Familie wird ihr Existenzrecht abgesprochen. Und in der S-Bahn pinkeln besorgniserregende Bürger* Kinder an.

Es ist egal, wie sehr wir uns bemühen, da ist kein Weg nach Bullerbü. Da war nie einer gewesen.

Unsere Schwarzen Brüder, Schwestern, Söhne und Töchter, Mütter*, Väter* waren nie erwünscht in Bullerbü. Das rote Holzhaus mit unseren LGBTTIQA* Partner*innen zu bewohnen, war aussichtslos. Außerdem hättest Du mit Deiner Herkunft und Deinem Nachnamen eh nie einen Baukredit bekommen. Und die Scheiße zu mieten, kannst Du Dir schon erst recht nicht leisten. Der Waldboden war nicht für Rollstühle gedacht, aber BeHinderungen oder besondere Befähigungen waren von sowieso unerwünscht. Wir hatten nicht nur die falschen Eltern/ Kinder/ Lebensgeschichten, wir selbst waren falsch. Wir waren nicht gewollt in Bullerbü, waren nie Teil davon.

Du nimmst meine Hand. FUCK BULLERBÜ! , sagst Du. Wir spucken in den Abgrund, drehen uns um und gehen.

Fuck it.

Wer schon mal im Smaland war, in Bullerbü, weiß wie schön es dort ist. Die

drei Höfe, die Scheune, der Misthaufen.
Ich war in Bullerbü. Sogar zweimal.
Und ich finde es absolut bemerkenswert,
was Kritik an Bullerbü so auslösen kann.
Es ist so, als sagst Du: „Ey, ich ficke
die Werte und Normen Deiner Kindheit". Die
Kindheit anderer Leute zu ficken ist nicht
unbedingt ein Türöffner, wenn Du darüber
in den Austausch gehen willst. Gebe ich
zu. Aber ich meine, es ist ja auch nicht
das erste Mal, dass Stimmen laut werden,
die sagen: „Leute hört mal zu, ich glaube
hier stimmt was nicht." Kritik an
Bullerbü/ Pippi Langstrumpf/ Löneberga/
etc. hat es schon lange gegeben. Sie wird
nur sehr gerne überhört oder ins
Lächerliche gezogen. Aus Abwehr. Aus
Angst, dass eine unheilvolle Kraft
versucht uns unsere rechtmäßigen *weißen*,
männlichen*, bildungseliten Privilegien
wegzunehmen. Menschen reagieren wirklich
emotional auf Bullerbü.
Aber mal ehrlich, wem willst Du die
Geschichten mit dem N*-Wort noch
vorlesen?! Müssen wir Pippi in
Ermangelung weiblicher Held*innen und
Identifikationsfiguren toll finden und
ihren Rassismus und kolonialistischen
Ausbrüche schlucken, weil...äh, meint sie
ja nicht so?! Muss das immer gleiche
Familienkonstrukt von Mutter, Vater,
Kind, Kind denn immer noch als einzig

wahrer Zustand von Glück und
Vollkommenheit in unsere Herzen und die
unserer Kinder gepumpt werden?

Ist es okay für Dich, wenn ein ganzes Dorf
einen kleinen Jungen zum Sündenbock für
alles Schlechte macht?
Und was geschieht hinter den Türen von
Bullerbü? Das sind doch die Fragen, die
wir uns und unserem Gegenübern stellen
sollten!

Und nein, dies ist natürlich kein Aufruf,
die Werke Lindgrens zu verbrennen.
Sie in den Mülleimer zu werfen, reicht
vollkommen aus.

Prote st und Heilung

An die Herren* der Schöpfung
An die Herren der Schöpfung
Wollte ich folgendes mal sagen:

Ihr könnt mich mal!

Über femen und so

Als femen noch nicht erfunden war/ hatten wir beschlossen/ 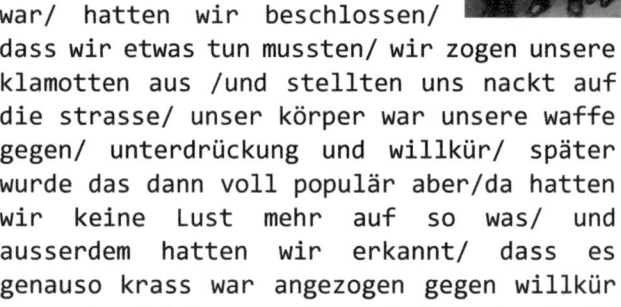 dass wir etwas tun mussten/ wir zogen unsere klamotten aus /und stellten uns nackt auf die strasse/ unser körper war unsere waffe gegen/ unterdrückung und willkür/ später wurde das dann voll populär aber/da hatten wir keine Lust mehr auf so was/ und ausserdem hatten wir erkannt/ dass es genauso krass war angezogen gegen willkür und unterdrückung zu demonstrieren/ und wir hatten auch keine lust mehr/ unsere körper zu instrumentalisieren/ so ungefähr war das

Wie Steine
Wörter sind wie Steine
Wenn wir von ihnen getroffen werden,
Tut es weh.
Mancherorts werden Menschen gesteinigt
Mancherorts werden sie entwortet

Ich möchte Wort für Wort
Meinen Weg gehen

Alles, was Recht(s) ist
Alte, weiße, heterosexuelle Penisbesitzer,
die über Recht und Unrecht entscheiden und
das auf Grundlage von Texten und Urteilen,
die andere alte, weiße heterosexuelle
Penisbesitzer verfasst haben.
Merkste was?!

Als wir uns wehrten
Gesichter
Fremde,
Vertraute
Unterdrückte Angst
Und über das Jahr aufgestaute Wut
Machtlosigkeit
Unverständnis
Der Wunsch nach Veränderung
Wir lassen uns nicht verbieten!

Schwarze uniforme Uniform
Den Knüppel in der Hand

Es macht keinen Unterschied,
Wo wir stehen,
Aufbegehren
Der Anlass wechselt
Doch das Ziel
Bleibt das gleiche
Wir lassen uns nicht verbiegen!

Ein Kopf schleudert gegen
Stahlkappenbesetzte Stiefel

David gegen Goliath
Eingehakte Menschenketten
Sitzen
Stehen
Laufen durch die Nacht
Eine Hand reicht Tee
Und warme Suppe
Es ist kalt

Unter Scheinwerferlicht
Und Hubschrauberdröhnen
Über Straßensperren
Und Barrikaden hinweg
Ein Gedanke
Wir lassen uns nicht verbieten!

Brief an meine unbekannte Schwester
Liebe, unbekannte Schwester,
Wir haben nie zusammengelacht, nie haben
wir uns bei den Händen gehalten oder über
unsere Träume gesprochen.

Ich weiß nicht, liebst Du Schmetterlinge
so wie ich? Magst Du gerne Tee mit Honig?
Den Duft von Yasemine? Ich würde so gerne
mit Dir durch warmen Sommerregen tanzen
(auch wenn ich eigentlich nie tanze). Mit
Dir diskutieren über Konstruktivismus und
Widerstand, über die anstehende Wahl und
die Macht der Worte. Wir tränken Kaffee,
Wasser, Wein. Wir hörten Musik und
schwiegen.

Schwester, liebe Schwester!

Du bist nicht da. Eingesperrt mit tausend
anderen. Weil Du es gewagt hast, Deine
Stimme, Dein Haupt Deinen Willen zu
erheben. Schwester, Du bist so mutig!

Auf kalten Böden liegst Du, wo sie Deinen
Körper brechen. Und vielleicht eines Tages
auch Dich.

Du bist nicht da, Schwester! Mit
modernster Technik schon pränatal als
lebensunwert deklariert. Wurdest Du
abgetrieben, weil Deine Klitoris keinen

Penis ersetzt. Weil ein Mädchen* nur
Kummer bringt.

Du wirst gesteinigt. Mit Säure verätzt.
Erschlagen, erschossen, erwürgt und
erhängt.

Du fehlst mir.

Dein Lachen. Dein Blick. Deine Trauer,
Deine Hoffnung, Deine Stärke, Dein Mut!

(Für Reyhaneh Jabbari und alle anderen
Schwestern)

So wie Du
Ich will
So wie Du sein
Nur ohne Penis & anders & ohne Deine
Sozialisation
Ich will
Deine Rechte & Deine Selbstverständlichkeit
Ohne Angst in den Park gehen
In egal welchem Look &
Easy zwei Plätze in der überfüllten Bahn
okkupieren
Einen für mich & einen für meine Eier
Ich will
So sein wie Du
Nur ohne Haare im Gesicht & ohne das Gift das
Du versprühst
Ich will
Deine Präsenz & Deinen Raum, den Du Dir
ungefragt &
Unangefochten nimmst & zusprichst
Ich will
Deinen Reichtum, Deine Privilegien, Deine
Macht &
Deine Freizeit

Denn Du hast so viel davon & ich
So wenig
Ich will

So sein wie Du
Nur ohne Penis & anders & in nett

Menspreading
Komplett ungeil
Dein Gehabe
Mit den weit auseinandergestellten Beinen
Die demonstrieren wollen
Wie groß Dein Gehänge
Zwischen ihnen &
Wie wichtig dadurch
Dein Platz in der Gesellschaft
Oder auch
Allein auf dieser Bank
Morgens
In der Bahn

Die Mutter aller Probleme
ist die Migration
bayrischer Rassist*innen

in den deutschen
Bundestag.

Je ne suis Paris
Je suis Paris
Liest man dieser Tage überall
Und weltweite ein Aufschrei
Ein Entsetzen
Ob all dieser furchtbaren Ereignisse
Und ja,
Es ist schrecklich, das Töten und Getötet
werden,
Das Morden von Unschuldigen
Und doch,
Es will mir nicht gelingen
Zu trauern um die 129 denn
Ich frage mich,
Wo war und ist das Entsetzen,
Der Aufschrei
Um all die anderen,
Die täglich
Durch deutsche, französische, russische,
amerikanische Waffen
Gefoltert, getötet, ermordet, vertrieben,
vernichtet werden?
Und so schreie ich
Und brülle laut:
Je suis Damaskus, je suis Arar
Je suis Aleppo, Homs, Hama
Je suis Juba, Gaza, Malakal
Je suis Djibuti, Adigra.
Ich bin Ferguson, Wisconsin,
Bin New York und Arlington.
Hoyerswerder bin ich, Freital, Schwerin,
Heidenau, Dresden, Dortmund, Berlin
Röszke, Horgo ,Obrezje...
(die Liste setzt sich unendlich fort)

Ich bin jeder geschlossener Grenzübergang,
Jedes neues, die Würde des Menschen
verachtende Gesetz
Bin jeder Angriffe auf Unterkünfte der
Geflohenen,
Bin die durch rassistische Gewalt
Verletzten
Und bin alle,
die bei der Flucht über das Meer ihr Leben
ließen.
Je sui homme*, je suis femme*
Aber Paris,
Das bin ich nicht.

Das Ende meiner Geduld
Tägliche Gewalt an queerverorteten
Menschen
Rassismus als großdeutsche Kulturkulisse
Die Hinrichtung der Protestierenden
Und die Verterroriesierung der
Aktivist*innen
Die Opfer-Täter*innenumkehr und das
ständige Am-Problem-Vorbeireden um...nun,
um keine Verantwortung mehr zu übernehmen.
Ich bin am Ende meiner Geduld angekommen.
Fickt Euch.

Alle.